Japan

日本
「日出づる国」

DAS LAND DER AUFGEHENDEN SONNE

Japan

日本「日出づる国」

DAS LAND DER AUFGEHENDEN SONNE

ILLUSTRATIONEN
Josephine Pauluth

TEXTE
Christin Bohnke

arsEdition

楽しむ
日本郵便
JAPAN
日本郵便
80
松本城太鼓門・長野県
NIPPO

INHALT

目次

Yōkoso – Willkommen in Japan!

日本へようこそ！

Japan liegt im Osten Asiens zwischen dem Pazifik und dem Japanischen Meer und besteht aus vier großen und unzähligen kleinen Inseln. Mächtige Berge, Feuer speiende Vulkane, von Rehen und Affen besiedelte Wälder, tropische Strände im Süden und Winterlandschaften im Norden – die japanische Natur ist voller Gegensätze. Seit Zehntausenden von Jahren leben Menschen in Japan, oft in Siedlungen an der Küste des Landes.

Von *Sushi* bis *Sumō*, von *Kimono* bis *Kabuki* – die japanische Kultur ist einzigartig und fasziniert viele Menschen auf der ganzen Welt. Die Japaner und Japanerinnen nennen ihr Land *Nippon* oder *Nihon*, was so viel bedeutet wie »Ursprung der Sonne«.

Dass Japan das Land der aufgehenden Sonne ist, sieht man schon an der Flagge, die einen roten Sonnenkreis auf weißem Grund zeigt. Gäste werden mit einer Verbeugung und einem freundlichen *Yōkoso* begrüßt: **Willkommen in Japan!**

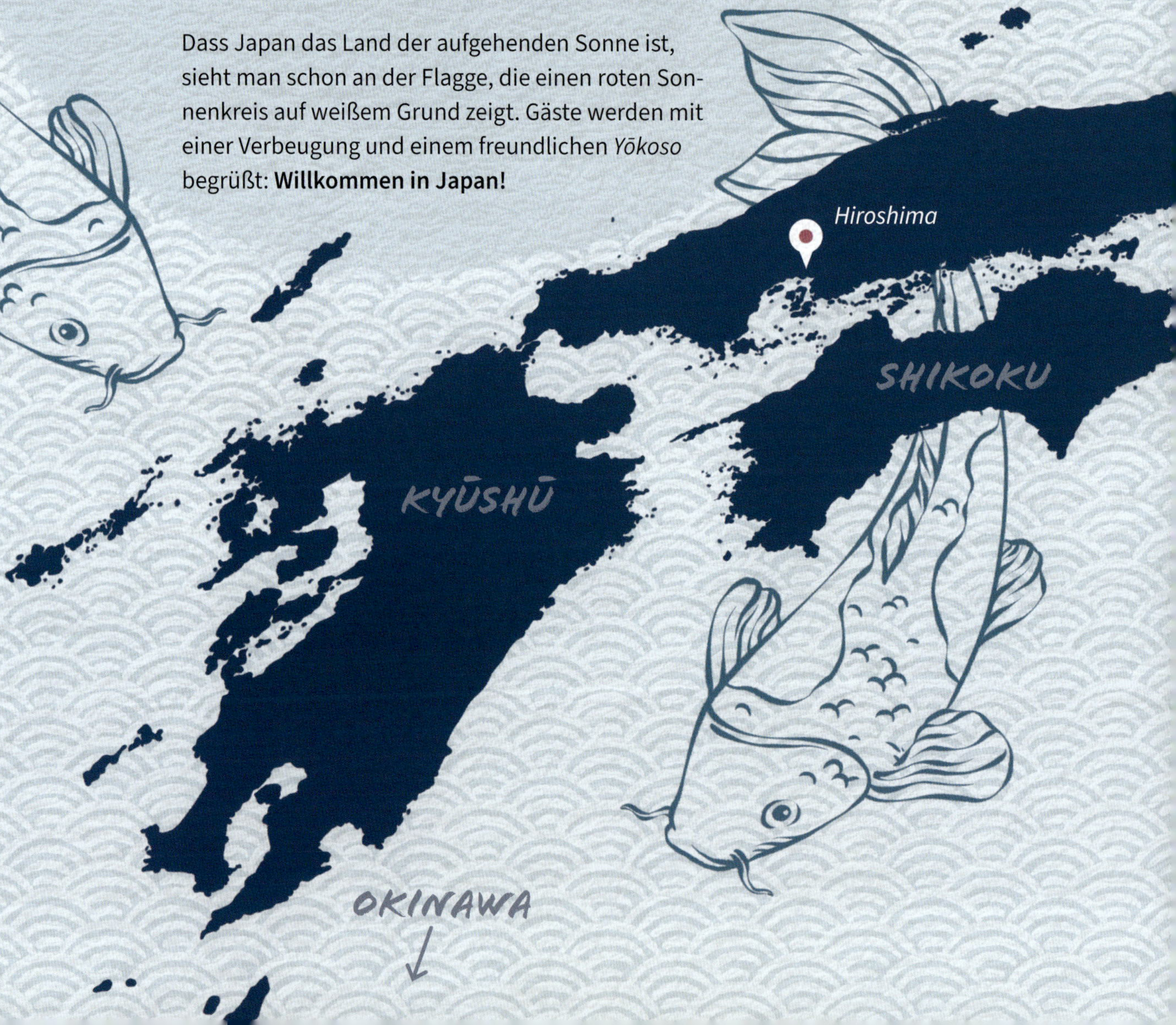

ようこそ!

(Yōkoso)

Daruma-Figur – traditionelle japanische Figur, die Glück und Selbstdisziplin symbolisiert

DER BERG FUJI

富士山

Der *Fuji* ist mit über 3700 Metern der höchste Berg Japans und ein aktiver Vulkan. Das letzte Mal ist er vor 300 Jahren ausgebrochen. Die meiste Zeit des Jahres ist der Gipfel, der an klaren Tagen sogar im 100 Kilometer entfernten Tokio zu sehen ist, mit Schnee bedeckt.

Für viele Japaner und Japanerinnen ist der Fuji heilig und ein Wahrzeichen ihres Landes. Deswegen begegnet man ihm fast überall in Japan: auf Kleidungsstücken und Gemälden, auf Geldscheinen, in Gedichten und Liedern.

Im Sommer besteigen unzählige Wanderer und Wanderinnen den Berg. Einige von ihnen beginnen ihren Aufstieg mitten in der Nacht, damit sie den Sonnenaufgang vom Gipfel sehen können. Es dauert zwischen fünf und zehn Stunden bis zum Gipfel – je nachdem, wie schnell man geht und welchen Weg man wählt.

Ein bekanntes Sprichwort besagt: »Die Klugen besteigen den Fuji-Berg einmal, die Dummen zweimal«, wahrscheinlich weil der Aufstieg beschwerlich ist und nicht viel Spaß macht. Dafür ist die Aussicht oben an klaren Tagen umso schöner.

富士山

Eisiger Schnee und weisse Strände – Japans Norden und Süden

雪と砂浜ー日本の北と南

Japan besteht aus fast 14 000 Inseln. Auf etwas mehr als 400 von ihnen haben sich Menschen angesiedelt – der Großteil der Inseln ist also tatsächlich unbewohnt!

In den langen Wintern auf *Hokkaidō*, eine der größten Inseln im Norden des Landes, sind Schneestürme und eisige Temperaturen keine Seltenheit. Die Menschen dort verbringen die kalte Jahreszeit mit Skifahren, Eistauchen und Schlittenrennen. Hokkaidō ist so kalt, dass man selbst im Sommer auf einigen Bergen noch Schlitten fahren kann.

Hokkaidō ist das Zuhause der *Ainu*, ein indigenes Volk mit eigener Sprache, Religion und Bräuchen, die sich von denen der Japaner unterscheiden.

Die Männer tragen zum Beispiel traditionell lange Bärte und die Frauen tätowieren sich auch heute noch Teile ihrer Gesichter und Arme.

Am anderen Ende Japans, weit im Süden, liegen die 55 Inseln von *Okinawa* verteilt im warmen Wasser des Pazifiks. Okinawa ist seit etwa 150 Jahren Teil von Japan, aber viele Menschen, die hier leben, haben ihre eigene Kultur, Sprache und Traditionen.

Im tropischen Okinawa ist es oft warm – perfekt, um die Tage an den unzähligen Stränden zu verbringen und den Wasserschildkröten, Quallen und Seeschlangen beim Schwimmen zuzusehen.

Shīsā – Schutzgottheit

Tonkori – traditionelles Zupfinstrument der Ainu

Okinawa ist die Insel der Langlebigen. Im Durchschnitt werden die Menschen hier 90 Jahre alt. Manche sagen, das kommt von dem gesunden und leckeren Essen. Ob dies allerdings an den Schweineohren liegt, die eines der beliebtesten Gerichte in Okinawa sind, ist nicht geklärt.

まめちしき!

(Mamechishiki, heißt auf Japanisch so viel wie »gut zu wissen«)

Die kleinen Hokkaido-Kürbisse, die wir aus dem Gemüseladen kennen, heißen so, weil sie ursprünglich aus dem Norden Japans kommen.

AUF EINER WANDERUNG IN DEN JAPANISCHEN ALPEN

日本アルプスでのハイキング

Im Westen von Japan erheben sich majestätische Berge zwischen dichten Wäldern, schnellen Flüssen und verschlafenen Dörfern – die Japanischen Alpen. Einige der Berge sind fast so hoch wie der Fuji und bei Wanderern und Wanderinnen besonders beliebt. Kleine Alpendörfer laden zum Verweilen ein, in heißen Quellen können sich müde Reisende ausruhen.

Wanderer und Wanderinnen tragen oft kleine Glöckchen an ihren Rucksäcken. Ihr Klingeln soll neugierige Bären abhalten.

Die heißen Quellen sind nicht nur bei Menschen beliebt. Makaken-Äffchen wissen auch, wie wohltuend ein Bad sein kann – vor allem im Winter, wenn alles um sie herum mit dichtem Schnee bedeckt ist. In großen und kleinen Gruppen sitzen die Affen im warmen Wasser und lassen es sich gut gehen.

Am Rande der Japanischen Alpen steht seit fast 500 Jahren die Burg *Matsumoto*, eine der ältesten Burgen Japans. Wegen ihres schwarzen Äußeren wird sie auch Krähenburg genannt. Angeblich lastet ein Fluch auf ihr, ausgesprochen von einem Bauern, der hier vor 400 Jahren hingerichtet wurde.

Als die Burg später begann, zur Seite zu sinken, und die Bewohner mehr und mehr Unglück erfuhren, wurde dies dem Fluch zugeschrieben, der erst gebrochen wurde, als man dem Bauern eine Statue errichtete.

DER FISCH UNTER DER ERDE – ERDBEBEN IN JAPAN

地底に潜むナマズー日本の地震

Eine Legende besagt, dass ein Wels, ein riesiger Fisch mit dem Namen *Namazu*, in den unterirdischen Flüssen und Seen unter Japan lebt. Früher glaubte man, dass Erdbeben entstehen, wenn er dort herumschwimmt und mit seinen Flossen das Wasser aufwirbelt.

Tatsächlich ist Japan ein Land der Erdbeben, etwa 1500 Beben gibt es pro Jahr. Viele von ihnen sind so schwach, dass man sie nicht oder kaum bemerkt. Einige große Erdbeben können aber zur Gefahr werden. So hat 1923 ein Erdbeben viele Teile Tokios zerstört. 2011 kam es zu einem Beben und einem Tsunami im Norden Japans, bei dem viele Menschen starben und ein Atomkraftwerk beschädigt wurde.

Obwohl diese großen Erdbeben nur selten vorkommen, sind die Menschen in Japan gut auf sie vorbereitet. So sind die Häuser zum Beispiel extra stabil gebaut, Züge halten automatisch, wenn die Erde bebt, und japanische Kinder führen bereits im Kindergarten Erdbebenübungen durch.

Die Legende von Namazu besagt übrigens, dass der Fisch von dem Donnergott *Takemikazuchi* mit einem Stein am Boden festgehalten wird, damit er sich nicht bewegen und keine schlimmen Erdbeben mehr verursachen kann. Die angebliche Spitze des Steins kann sogar im Norden von Tokio besichtigt werden.

DAS JAPANISCHE MITTELALTER

中世の日本

Burgen, tapfere Ritter, Hofdamen – all das gab es auch im japanischen Mittelalter. Mehr als 5000 Burgen waren einmal über ganz Japan verteilt, aber nur noch wenige sind heute erhalten.

Bewohnt und bewacht wurden die Burgen von den *Samurai*, japanischen Kriegern. Für Hunderte von Jahren waren es die Samurai, die Japans Schicksal bestimmten, indem sie Kriege führten und wichtige politische Entscheidungen trafen. Samurai lebten nach strengen Regeln. Tapferkeit, Ehrlichkeit und vor allem Treue waren wichtige Tugenden, die ihren Alltag prägten.

Nicht alle japanischen Krieger waren Männer. Eine der bekanntesten Kriegerinnen im japanischen Mittelalter war *Tomoe Gozen*, die vor etwa 800 Jahren an der Spitze ihrer Armee in den Kampf ritt.

まめちしき!

Vor etwa 1000 Jahren, also im frühen Mittelalter, hat die japanische Hofdame *Murasaki Shikibu* den ersten Roman der Weltgeschichte geschrieben. Die »Geschichte vom Prinzen Genji« handelt vom Leben und den Abenteuern eines Prinzen am japanischen Kaiserhof.

Edo – Japans alte Hauptstadt

江戸ー日本の旧首都

Für mehr als 200 Jahre, von 1603 bis 1868, war Japan vollkommen von der Außenwelt abgeschottet.

Besorgt über den immer größer werdenden Einfluss von europäischen Ländern, entschieden die japanischen Herrscher damals, dass kein Fremder mehr das Land betreten und niemand aus Japan seine Heimat verlassen durfte.

In dieser Zeit war Edo, das heutige Tokio, die Hauptstadt Japans und das Zuhause vieler Handwerker und Handwerkerinnen, Handeltreibender, Samurai und Kunstschaffender. Einer von ihnen war der Maler *Katsushika Hokusai*. Hokusai war ein Meister der *ukiyo-e*, japanische Holzschnitte, die von Schauspielern, jungen Frauen, berühmten Samurai und Fabelwesen nur so wimmeln. Ukiyo-e zeigen außerdem Landschaften, Tempel und immer wieder den Berg Fuji. Eines der berühmtesten Bilder von Hokusai ist »Die große Welle vor Kanagawa«.

まめちしき!

Wie bezahlte man einen Samurai? Mit Gold? Wertvollen Stoffen? Nein – in der Edo-Zeit wurden Samurai oft mit Reis bezahlt, der damals sehr wertvoll war, die großen Haushalte der Samurai ernähren und gegen viele andere Waren eingetauscht werden konnte!

SCHWARZE SCHIFFE IM HAFEN – JAPAN ÖFFNET SICH FÜR DIE WELT

黒船来航ー日本の開国

Vor etwas mehr als 170 Jahren zwang der amerikanische Kommandant Perry Japan, mit Amerika Handel zu treiben, indem er mit einer Flotte schwarzer Kriegsschiffe in einen japanischen Hafen einfuhr. Damit begann Japan, sich für den Rest der Welt zu öffnen, Besucher und Besucherinnen zu empfangen und mit anderen Ländern zu handeln.

Plötzlich kamen viele neue Ideen, Technologien, Bücher und Menschen aus aller Welt nach Japan. In dieser Zeit begannen Japaner und Japanerinnen, westliche Kleidung zu tragen und neue Sprachen zu lernen. Viele von ihnen gingen ins Ausland, um dort für einige Jahre zu studieren und dieses Wissen wieder mit in ihre Heimat zu bringen. Schnell wandelte sich das Land zu einem modernen Staat und Tokio zu einer Hauptstadt mit internationalen Restaurants, Kinos, Straßenbahnen und glitzernden Werbeplakaten.

Handelsvertrag zwischen Japan und den Vereinigten Staaten

まめちしき!

Aus dieser Zeit, genauer gesagt um das Jahr 1870 herum, stammt auch die Tradition, dass japanische Kinder Schuluniformen tragen.

Tokios verschiedene Gesichter

東京の多様な顔

Tokio ist die Hauptstadt von Japan und eine der größten Städte der Welt. Über 37 Millionen Menschen leben hier, das sind fast halb so viele wie in ganz Deutschland! Volle Straßen, Verkäufer und Verkäuferinnen, die versuchen, mit Rufen Kundschaft in ihre Läden und Restaurants zu locken, Geschäfte, die fröhliche Musik spielen: Tokio kann laut sein. Abseits des Trubels der großen Straßen liegen jedoch viele kleine Gassen, in denen Kinder vor alten Tempeln spielen, unzählige Katzen streunen und Cafés zum Verweilen einladen.

Es ist leicht, in Tokio oder anderen japanischen Städten verloren zu gehen, denn in Japan haben Straßen keine Namen, und Hausnummern werden in der Reihenfolge vergeben, in der die Häuser gebaut werden. Stattdessen sind Städte in Abschnitte und Blocks unterteilt, sodass man den Stadtteil, den Abschnitt und den Block eines Gebäudes kennen muss, um es zu finden.

まめちしき!

Jeden Tag pünktlich um 17 Uhr klingt ein Lied aus Lautsprechern durch die Straßen Tokios und vieler anderer Städte. Zum einen testen die Städte so ihr Alarmsystem für den Fall eines Erdbebens, zum anderen ist es ein Zeichen für draußen spielende Kinder, dass sie zum Abendessen nach Hause gehen sollen.

モモのコーヒー焙煎
ラーメン

VON GROSSEN KREUZUNGEN UND KLEINEN HUNDEN

Die riesige *Shibuya*-Kreuzung liegt mitten in Tokio. Schrill tönende Werbebildschirme, piepsende Ampeln, Musik, die aus den unzähligen Geschäften dröhnt – Shibuya ist laut, bunt und vor allem voll.

大きな交差点と小さな犬の街

Jeden Tag laufen über 2 Millionen Menschen über die Kreuzung. Das ist mehr, als in den meisten deutschen Städten wohnen. In einer Ecke von Shibuya, etwas abseits des Trubels, steht eine kleine Hundestatue. Sie erinnert an *Hachikō*, einen treuen Akita-Hund. Vor etwa 100 Jahren begleitete Hachikō sein Herrchen jeden Morgen zur Shibuya-Station und wartete dort auf ihn, bis er von der Arbeit nach Hause kam.

Nachdem sein Herrchen gestorben war, wartete Hachikō noch neun weitere Jahre jeden Tag an der Station auf ihn. Gerührt von so viel Treue, schlossen ihn die anderen Reisenden ins Herz, fütterten und streichelten ihn. Die kleine Statue soll an Hachikō erinnern und ist inzwischen zu einem beliebten Treffpunkt geworden.

ZWISCHEN ROBOTERN UND AUTOMATEN – TECHNIK IN JAPAN

ロボットと自動販売機ー日本の技術

Laptop, Schnellzüge, Spielekonsolen, Emojis, QR-Codes – viele Dinge, die in unserem Alltag inzwischen ganz selbstverständlich sind, kommen ursprünglich aus Japan. In Tokio können Technikfans stundenlang in den unzähligen Läden des *Akihabara*-Viertels stöbern, sich in Spielearkaden, Kamera- und Computerkaufhäusern und Krimskramsläden verlieren und dort alte Kassettenspieler und modernste Haushaltsroboter kaufen.

Robotern begegnet man in Japan häufiger als in anderen Ländern. An Flughäfen begrüßen sie Reisende, sie helfen Touristen und Touristinnen dabei, in Hotels einzuchecken, leisten als Hunde ihren Herrchen und Frauchen Gesellschaft und sollen in Zukunft auch in Krankenhäusern Menschen unterstützen.

Der Pflegeroboter »Robear« von Riken

Der Haustier-Roboter »Lovot« von Groove X und der Hunde-Roboter von Sony

Automaten sind zwar nicht ganz so beeindruckend wie sprechende Roboter, dafür aber an jeder Ecke des Landes zu finden. Mehr als vier Millionen stehen in ganz Japan. Etwa die Hälfte dieser Verkaufsautomaten bieten Getränke an.

Und der Rest? Blumen, Süßigkeiten, Bananen, Spielzeug, Suppen, Eis, Bier, Bücher, frisches Popcorn, Kleidung, Tierfutter – kurzum (fast) alles, was das Herz begehrt.

Auch heute noch beliebt: »Tamagotchi« von Bandai

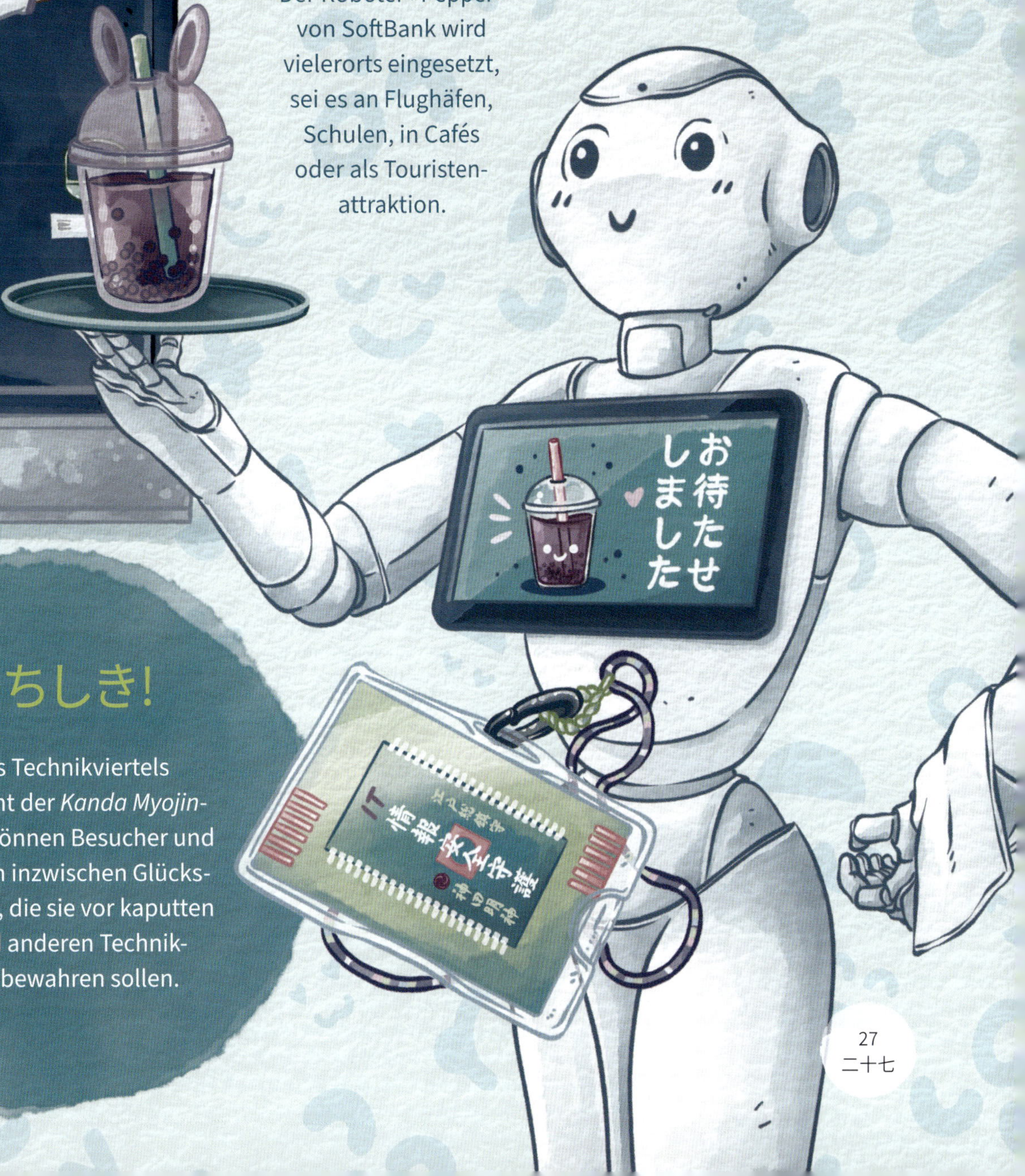

Der Roboter »Pepper« von SoftBank wird vielerorts eingesetzt, sei es an Flughäfen, Schulen, in Cafés oder als Touristenattraktion.

まめちしき!

Unweit des Technikviertels Akihabara steht der *Kanda Myojin*-Schrein. Dort können Besucher und Besucherinnen inzwischen Glücksbringer kaufen, die sie vor kaputten Laptops und anderen Technikproblemen bewahren sollen.

EINE U-BAHN-FAHRT IN TOKIO

東京の地下鉄

Seit etwa 100 Jahren können die Tokioer und Tokioerinnen mit der U-Bahn durch ihre Stadt fahren. Inzwischen gibt es fast 300 Stationen und unzählige Züge. Weil so viele Menschen in Tokio leben und arbeiten, ist die U-Bahn manchmal derart voll, dass die Reisenden von Mitarbeitenden hineingedrückt werden. Das kann ganz schön ungemütlich sein.

Die U-Bahn ist so sauber und sicher, dass auch schon kleine Kinder ohne ihre Eltern damit zur Schule fahren. Unzählige Restaurants und Getränkeautomaten in den Stationen machen es leicht, zu allen Tageszeiten etwas zu essen zu finden. Aber Achtung! In den Zügen darf man nicht essen. Das wird als unhöflich angesehen.

まめちしき!

Shinjuku ist die am meisten benutzte Station in Tokio und hat etwa 200 Ausgänge. Jeden Tag steigen dort über 3,5 Millionen Menschen ein, aus und um.

MIT DEM ZUG DURCH JAPAN

日本の鉄道

Die Japaner und Japanerinnen sind zu Recht stolz auf ihre schnellen, sauberen und sicheren Züge. Ein Netzwerk aus Schienen zieht sich durch das ganze Land. Ob mit einem schnellen *Shinkansen* oder einer gemütlichen Bimmelbahn – eine Zugfahrt ist die beste Art, Japan zu entdecken. Wer den Zug nimmt, kommt niemals zu spät. Im Durchschnitt hat ein Shinkansen nur 20 Sekunden Verspätung.

Viele Zugstationen verkaufen *Ekiben* – Lunchboxen, gefüllt mit allerlei Leckereien für die Fahrt, oft mit regionalen Zutaten und Spezialitäten. So kann man auch geschmacklich durch das Land reisen.

Jahrelang war der Shinkansen der schnellste Zug in Japan. Mit bis zu 300 Kilometern pro Stunde rauscht er dahin. Der *Maglev*, eine Magnetschwebebahn, ist mit 500 Kilometern pro Stunde inzwischen sogar noch schneller.

まめちしき!

Für viele Jahre war die Katze *Tama* die Bahnwärterin einer kleinen, fast verlassenen Zugstation im Osten des Landes. Sie trug eine Uniform und einen Bahnwärterhut und wurde mit Katzenfutter bezahlt.

Eki-Sutanpu – Stempelheft

Ekiben – Reiselunchbox im Shinkansen-Stil

Reisende finden an fast allen Stationen ausgefallene Stempel (*Eki-Sutanpu*) mit lokalen Motiven, die sie in einem Heftchen sammeln können, um sich so an ihre Zugfahrt zu erinnern.

Shimonada-Eki –
Haltestelle Shimonada

KYŌTO – ZWISCHEN TEMPELN UND GEISHAS

京都一寺院と芸者

Maiko – angehende Geisha

Mehr als 1000 Jahre lang war Kyōto die Heimat der japanischen Kaiserfamilie. Noch heute kann man den alten Kaiserpalast sowie unzählige buddhistische Tempel, Shintō-Schreine und Gärten besichtigen. Kyōto ist die kulturelle Hauptstadt Japans.

Die traditionellen japanischen Künste – Kalligrafie, Teezeremonien oder *Ikebana*, die Kunst, Blumen zu arrangieren, werden hier lebendig gehalten.

Einer der berühmtesten Tempel der Stadt ist der *Kinkakuji*, der Goldene Pavillon, dessen obere Stockwerke komplett mit Gold bedeckt sind. Er ist bereits mehrmals abgebrannt und wurde wieder aufgebaut. Zuletzt hat ein Mönch den Tempel 1950 in Brand gesteckt.

Ikebana – Blumensteckkunst

まめちしき!

Junge Frauen, die noch in ihrem Geisha-Training sind, nennt man *Maiko*. Eine Maiko lebt in einem Geisha-Haus mit ihrer Lehrerin und darf weder Geld noch ein Handy besitzen.

Higasa – traditionell-japanischer Sonnenschirm sowie *Tatami* – Bodenmatten aus Reisstroh

Kyōto ist die Stadt der *Geishas*. Wer eine Geisha dabei beobachten will, wie sie von Teehaus zu Teehaus geht, um dort ihre Gäste zu treffen, ist hier genau richtig. Geishas sind Künstlerinnen, die mit traditionellen, komplexen Tänzen, Musik und Gesprächen Gäste in Teehäusern und Restaurants unterhalten. Sie trainieren oft jahrelang, um ihr Handwerk zu erlernen. Eine Geisha ist leicht zu erkennen: Sie trägt einen kostbaren Kimono, ihr Gesicht ist weiß geschminkt und ihr Haar zu einer kunstvollen Frisur auf ihrem Kopf verknotet.

Shōji – traditionell-japanischer Raumtrenner aus Holz und Papier (Washi)

Goldener Pavillon in *Kinkakuji*

Geisha mit einer dreisaitigen, gezupften Langhalslaute (*Shamisen*)

DIE HÖFLICHEN REHE VON NARA

奈良の礼儀正しい鹿

Reh-Kekse

Besucher und Besucherinnen in Japans alter Kaiserstadt Nara müssen gut aufpassen, dass sie keine Süßigkeiten in ihren Taschen haben, denn sonst kann ein freches Reh sie ihnen stehlen.

Mehr als 1000 Rehe leben in Nara in einem großen Park in der Nähe eines Tempels. Man findet sie überall: am Eingang zu kleinen Restaurants, mitten auf der Straße, unter Tempeldächern oder im Schatten der Bäume. Laut einer Legende ist vor vielen, vielen Jahren ein Gott auf einem weißen Reh nach Nara geritten. Die Rehe in Nara sind zwar braun, aber sie sind trotzdem heilig und dürfen nicht gejagt werden. Deswegen haben sie keine Angst vor Menschen und lassen sich gerne von ihnen streicheln.

Seit über 1000 Jahren leben die Rehe ungestört in Nara mit Menschen zusammen.

Die Rehe in Nara sind wild und finden meist ihre eigene Nahrung, aber sie freuen sich, wenn man sie mit »Reh-Keksen« aus Mehl und Reis füttert, die überall im Park verkauft werden. Manche Rehe essen bis zu 200 Kekse pro Tag.

Ein bisschen mutig muss man aber schon sein, wenn man die Rehe füttern möchte, denn sie können frech werden und nach den Keksen schnappen. Manchmal erwischen sie dabei auch Karten, Taschen oder Jacken.

まめちしき!

Viele Rehe haben sich die höflichen Verbeugungen der Japaner und Japanerinnen abgeschaut. Wenn man sie mit einem Keks füttert, bedanken sie sich mit einer Verbeugung.

HANAMI – KIRSCHBLÜTEN IM FRÜHLING

花見—春の桜

Für ein paar kurze Tage im Frühling verwandelt sich Japan in ein Meer aus rosa und weißen Blüten. Unzählige Kirschbäume im ganzen Land wachen aus ihrem Winterschlaf auf und zeigen sich in ihrer vollen Pracht. Wer die schönen *Sakura*-Kirschblüten sehen will, muss sich allerdings beeilen: Nach ein oder zwei Wochen sind sie schon wieder verschwunden.

Hanami nennt man das traditionelle Betrachten der Kirschblüten. Familie, Freunde und Freundinnen breiten ihre Picknickdecken unter den Bäumen aus und bestaunen die Blüten, die sanft im Frühlingswind hin und her schwingen. Einige Japanerinnen tragen einen mit Blütenmustern verzierten Kimono, während sie unter den Kirschbäumen umherwandeln.

Dango – Süßigkeit

Natürlich darf auch eine *Bentō* nicht auf den ausgebreiteten Picknickdecken fehlen. Bentō, mit allerlei Leckereien gefüllte Boxen, findet man überall in Japan: an Zugstationen für lange Reisen, im Büro zum Mittag und sogar im Theater.

Mindestens genauso schön wie die Kirschblüten sind die *Sakura Mochi*. Die kleinen rosa Reisbällchen sind mit einem Kirschbaumblatt umwickelt und werden oft zum Hanami gegessen.

Wer mag, kann das Blatt gleich mitessen.

Sakura Mochi

Ein japanisches Sommerfest

日本の夏祭り

Eine gleißend helle Fontäne durchbricht die Dunkelheit. Bunte Blumen tanzen am Nachthimmel! Ein lustiges Froschgesicht folgt ihnen – Sommer ist Feuerwerkszeit! In ganz Japan bringen Feuerwerkfestivals den Himmel zum Leuchten.

Die Sommer in Japan können sehr heiß werden. Viele Japaner und Japanerinnen tragen daher leichte *Yukata*, Sommerkimonos aus Baumwolle, um sich das *Hanabi*, das Feuerwerk, anzusehen. Die Yukata der Männer sind oft schlicht und dunkelblau, die der Frauen dagegen mindestens so farbenfroh wie das Feuerwerk selbst.

Zum Yukata trägt man keine Turnschuhe, sondern *Geta*, traditionelle Schuhe aus Holz. Ihr Klackern vermischt sich mit den Explosionen des Feuerwerks und dem Zirpen der Zikaden – all diese Geräusche ergeben den typischen Klang eines japanischen Sommers.

Natürlich will niemand das Feuerwerk mit leerem Magen bestaunen. Die berühmten *Kakigōri*-Fahnen an vielen Läden versprechen Abkühlung an langen Sommerabenden. Kakigōri sind kleine Berge aus geschabtem Eis, die mit buntem Sirup übergossen werden.

Kakigōri-Fahne

ROTE BÄUME UND DER HERBSTMOND

紅葉と秋月

Wenn die Blätter der Bäume sich rot färben, der Reis geerntet wird und kleine Libellen durch die Lüfte huschen, kündigt sich der Herbst in Japan an.

Im September oder Oktober, je nach Jahr, findet das Mondfestival statt. Die Tradition des *Tsukimi*, des Mondbetrachtens, kam vor vielen Hundert Jahren aus China nach Japan. Traditionell treffen sich die Menschen, um gemeinsam den Mond anzuschauen und *Tsukimi-Dango*, weiße Reiskuchen, zu essen. Früher dankte man an diesem Tag den Göttern und Göttinnen für die alte Ernte und bat um eine gute neue. Oft wird der Mond zusammen mit einem Hasen dargestellt, denn in japanischen Geschichten lebt ein Hase auf dem Mond.

Tsukimi-Dango – weiße Reiskuchen

まめちしき!

Im Frühling ist *Hanami*, das Bestaunen der Kirschblüten, ein beliebter Zeitvertreib. Im Herbst treffen sich die Japaner und Japanerinnen zum *Koyo*, dem Betrachten der wunderschön roten Ahornblätter, die im ganzen Land die Bäume schmücken.

EISIGE WINTER UND WÄRMENDE KÖSTLICHKEITEN

Oden-Suppe

凍てつく冬のごちそう

Frostige Luft, Schnee auf den Straßen – in vielen Teilen Japans herrschen kalte Temperaturen im Winter, die dazu einladen, sich in heißen Quellen aufzuwärmen oder sich den Bauch mit *Nabe* vollzuschlagen, einer deftigen Wintersuppe, die in einem Feuertopf serviert wird.

Katsu-(Hähnchen-)Curry

In Hokkaidō im Norden von Japan findet im Winter das *Yuki Matsuri*, das Schneefestival, statt, bei dem Besucher und Besucherinnen ausgefallene Figuren aus Schnee und Eis bestaunen können. Auch andere Städte veranstalten in den Wintermonaten lebhafte Schneefestivals, auf denen man die typischen Wintergerichte essen kann: heiße *Oden*-Suppen, Krabben, *Mikan*-Mandarinen oder wärmende Currys.

Am Neujahrstag findet man lange Schlangen vor den Tempeln, denn der *Hatsumōde*, der erste Tempelbesuch des Jahres, ist eine wichtige Tradition, bei der die Menschen für ein glückliches neues Jahr beten.

Mikan-Mandarinen

Kani – Krabben

Nabe – japanischer Feuertopf

Setsuzō – Schneestatuen

Kurisumasu Keki – Weihnachtstorte

まめちしき!

Viele Japaner und Japanerinnen feiern Weihnachten, allerdings nicht als religiöses Fest, sondern als Party mit Freunden und Freundinnen oder als Fest für Liebespaare. Zu einem »traditionellen« japanischen Weihnachten gehört eine große Portion frittiertes Hühnchen und eine Sahne-Erdbeer-Torte.

Furaidochikin – frittiertes Hühnchen

BESUCH IN EINEM SHINTŌ-SCHREIN

神社にお参り

Die meisten Japaner und Japanerinnen würden sich wahrscheinlich nicht als besonders religiös bezeichnen. Trotzdem folgen sie im Alltag oft sowohl buddhistischen als auch shintōistischen Ritualen.

Shintōismus und Buddhismus sind die beiden wichtigsten Religionen in Japan. Es gibt unzählige Gottheiten im Shintōismus. Sie alle haben ihre eigenen Spezialgebiete und Fähigkeiten und können ganz unterschiedlich aussehen: wie Menschen, Tiere oder sogar wie Gegenstände. Über 100 000 Shintō-Schreine stehen in Japan, und jeder ist das Zuhause eines Gottes oder einer Göttin.

5-Yen-Münze

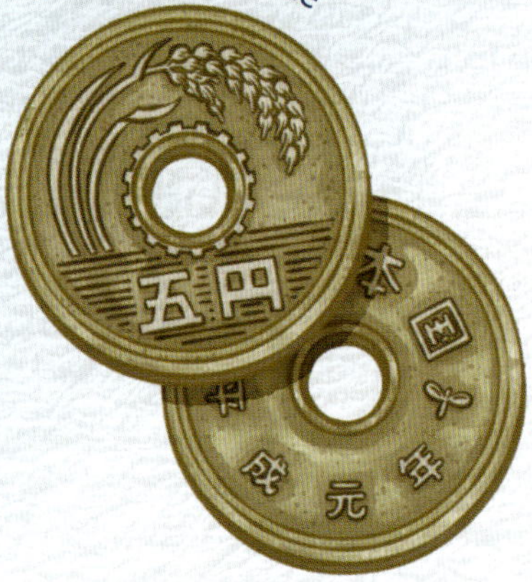

Viele Japaner und Japanerinnen besuchen an wichtigen Feiertagen einen Schrein oder gehen dorthin, um für einen besonderen Wunsch zu beten.

Glück, Gesundheit, Erfolg: Für all dies kann man sich an einen Gott oder eine Göttin wenden. Japanische Schüler und Schülerinnen gehen manchmal in einen Schrein, um für gute Noten zu bitten. Mit Glück kann man ein Paar bei einer traditionellen Hochzeit bestaunen. Besucher und Besucherinnen eines Schreins gehen zuerst durch das hohe Tor am Eingang, das *Torii*. Dahinter führt ein Weg zu einem Brunnen, an dem sie sich ihre Hände und den Mund waschen, um sauber auf den Gott oder die Göttin zu treffen. Vor dem Altar schenken sie der Gottheit eine Münze, verbeugen sich und klatschen zweimal in die Hände, bevor sie für ihren Wunsch beten.

Inari Ōkami/Ō-Inari – Gottheit der Fruchtbarkeit, des Reises und der Füchse

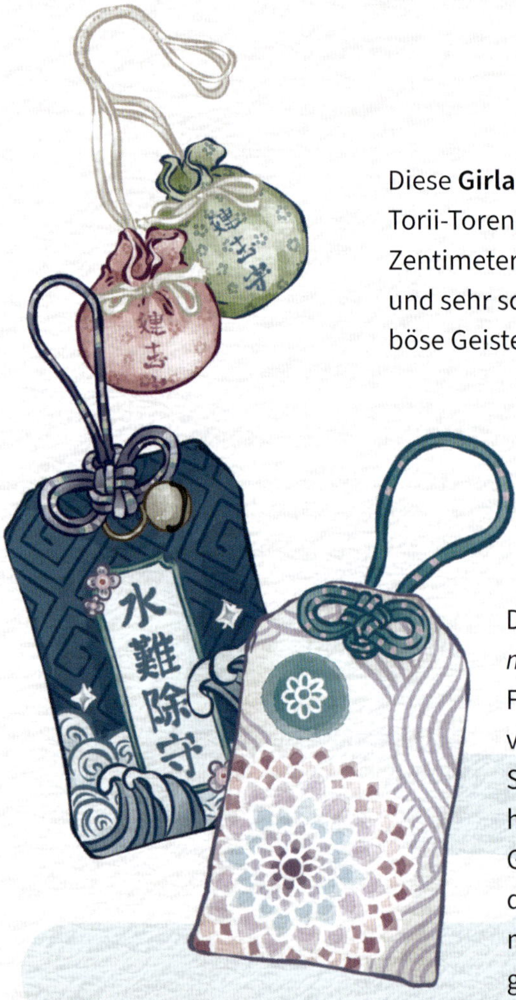

Diese **Girlanden** aus Reisstroh hängen an Shintō-Schreinen, Torii-Toren, Bäumen und Felsen. Manchmal sind sie nur einige Zentimeter lang und dick, manchmal sind sie viele Meter lang und sehr schwer. Sie zeigen, dass ein Ort heilig ist, und sollen böse Geister fernhalten.

Kleine Anhänger, Zettel mit berühmten Gedichten – in einem Shintō-Schrein gibt es so allerlei zu kaufen. Für ein paar Yen kann man sogar einen Blick in die Zukunft werfen.

Diese hübschen **Glücksbringer** heißen *Omamori* und werden in unzähligen Farben und Formen in allen Schreinen verkauft. Jeder von ihnen erfüllt eine besondere Aufgabe: Sie schützen zum Beispiel beim Fahrradfahren, helfen bei Prüfungen oder vertreiben böse Geister. Nach einem Jahr ist das Glück allerdings aufgebraucht. Dann werden die Omamori zurück in den Schrein gebracht und gegen neue eingetauscht.

Omikuji
aus Papier

Diese kleinen **Papierstreifen** (*Omikuji*) sagen die Zukunft voraus. Wenn etwas Gutes daraufsteht, kann man sie mitnehmen. Wenn einem die Vorhersage für die Zukunft nicht gefällt, lässt man sie einfach im Schrein zurück.

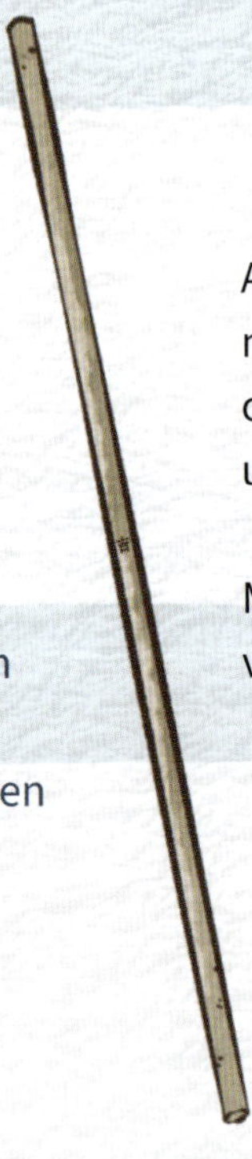

Omikuji in Form
von dünnen
Bambusstäbchen

Auf diese **Holztafeln**, auch *Ema* genannt, können Besucher und Besucherinnen ihre Wünsche schreiben und sie dann im Schrein aufhängen.

Mit Glück wird ihnen ihre Bitte von einer der Gottheiten erfüllt.

DER GROSSE BUDDHA VON KAMAKURA

鎌倉の大仏

Vor etwa 1500 Jahren kam der Buddhismus von China nach Japan. Der Buddhismus ist eine Religion, die die Lehren des Buddha verbreitet und in der Meditation, gute Taten und der Glaube an eine Wiedergeburt wichtig sind. Viele Menschen in Asien sind Buddhisten. Auch in Japan spielt diese Religion noch immer eine wichtige Rolle, besonders bei Begräbnissen oder bei Feiern und Ritualen, mit denen an verstorbene Familienmitglieder erinnert wird.

Eine der größten Buddhastatuen Japans steht in Kamakura, unweit von Tokio. Der *Daibutsu*, der große Buddha, besteht aus Bronze, ist mehr als 11 Meter hoch und so schwer wie 20 Elefanten. Durch eine kleine Hintertür im Rücken der Figur können Besucher und Besucherinnen in das Innere der Statue klettern und sich im Bauch des Buddhas umsehen.

まめちしき!

Im Shintōismus beten die Menschen in einem Schrein, im Buddhismus in einem Tempel.

JAPANISCHER ABERGLAUBE

日本の迷信

Was haben die Zahl Vier, eine Spinne am Abend und Pfeifen in der Nacht gemeinsam? All diese Dinge bringen Pech – zumindest in Japan.

In manchen Gebäuden in Japan gibt es kein viertes Stockwerk, denn die Zahl Vier soll Unglück bringen. »Vier« heißt auf Japanisch *shi* und klingt genauso wie das Wort für Tod. Daher wird diese Zahl, ähnlich wie die 13 im Westen, oft vermieden.

Gepfiffen wird in Japan bevorzugt tagsüber. Nachts zu pfeifen, so der Aberglaube, lockt Schlangen, Diebe und böse Geister an. Früher dachte man, dass Diebe, die im Schutz der Dunkelheit von Haus zu Haus schlichen, sich mit Pfeifen verständigten.

Ein alter Glaube besagt, dass Spinnen diese Welt mit der Welt der Ahnen und Geister verbinden. Eine Spinne am Morgen zu sehen, soll Glück bringen, vermutlich weil Spinnen ihre Netze bevorzugt in der Sonne bauen und so einen sonnigen Tag versprechen. Aber Achtung! Eine Spinne am Abend ist ein Zeichen für Pech und soll Diebe ins Haus locken.

Diese meist goldenen oder weißen Katzen findet man in vielen Läden und Restaurants, oft direkt an der Kasse. Ihren Namen, *Maneki-Neko*, verdanken sie ihrem eifrigen Winken (*neko* bedeutet »Katze« und *maneki* »winken«). Wenn sie mit der linken Tatze winken, locken sie Kundschaft an. Eine Katze, die mit ihrer rechten Pfote wedelt, bringt Glück.

Fūrin – Windspiel

Maneki-Neko

カー
カー
(krah-krah)
Theatermaske
eines Dämons

DER JAPANISCHE KAISER

日本の皇帝ー天皇

Japan ist das einzige Land der Erde, das noch einen Kaiser hat. Die Kaiserfamilie besteht schon seit fast 1500 Jahren. Allerdings hat der Kaiser, der *Tennō*, keine politische Macht, sondern ist vor allem ein Symbol für Japan und dessen lange Geschichte.

Der Kaiserpalast steht mitten in Tokio. Leider kann man nicht einfach auf einen Tee beim Kaiser vorbeischauen, denn der Palast ist die meiste Zeit des Jahres für Besucher und Besucherinnen geschlossen. Zweimal im Jahr jedoch – am Neujahrstag und am Geburtstag des Kaisers – dürfen die Tokioer und Tokioerinnen, alle fein herausgeputzt, in den Palast, um ihre Kaiserfamilie zu sehen.

Welches Jahr haben wir? Diese Frage kann man auf zwei Arten in Japan beantworten. Zusätzlich zu der westlichen Zeitrechnung richtet man in Japan das Datum auch nach dem Kaiser aus.

Jedes Mal, wenn ein neuer Kaiser den Thron besteigt, beginnt eine neue Zeitrechnung. Als 2019 der alte Kaiser abdankte, endete die *Heisei*-Zeit und das erste Jahr der *Reiwa*-Periode begann. Das Jahr 2020 war demnach Reiwa 2, 2021 war Reiwa 3 und so weiter.

Nijubashi-Brücke vor dem kaiserlichen Palast

まめちしき!

Die Chrysantheme ist das Zeichen des Kaisers. Die Blume gilt als königliches Symbol. Man sagt daher auch, dass der japanische Kaiser auf dem Chrysanthementhron sitzt.

DER KIMONO, »DAS DING, DAS MAN TRÄGT«

着物

Kimono bedeutet wörtlich »das Ding, das man trägt«. Bis vor etwa hundert Jahren war der Kimono in Japan Alltagskleidung. Heute tragen Frauen, Männer und Kinder Kimonos vor allem zu besonderen Anlässen wie Hochzeiten, Feiertagen, Teezeremonien, Theaterbesuchen oder um sich die Kirschblüten im Frühling anzusehen.

Ein Kimono hat die Form eines T und reicht bis zu den Knöcheln. Die Ärmel sind lang und geschwungen. Je nach Alter, Geschlecht oder Anlass werden unterschiedliche Kimonos getragen. Männer tragen zu ihren Kimonos *Hakama*, weite Hosen, und eine *Haori*-Jacke. Traditionelle Kimonos sind sehr wertvoll und werden oft über Generationen weitergegeben.

Die Muster und Stickereien haben ihre eigene Bedeutung. So stehen Kraniche für Langlebigkeit, Fächer für Hochzeiten, Trommeln für Ausgelassenheit und Pfauenmuster für die Liebe. Der Kimono-Gürtel heißt *Obi*. Ein Obi wird zu einer Schleife im Rücken gebunden und ist oft mit wertvollen Stickereien verziert. Zu einem Kimono trägt man traditionelle Holzschuhe und *Tabi*, Socken, in denen der große Zeh vom Rest des Fußes getrennt ist.

まめちしき!

Traditionell reinigte man einen Kimono, indem man die Nähte löste, ihn auseinandernahm, wusch und dann wieder zusammennähte – ein langwieriger Prozess! Auch heute werden noch sehr wertvolle Kimonos auf diese Art gewaschen. Weniger teure Kimonos können in eine Reinigung gegeben werden.

SUMŌ – DER HEILIGE SPORT

相撲—神聖な国技

Seit fast 1500 Jahren treten *Sumō*-Ringer gegeneinander an und versuchen, sich gegenseitig aus einem Ring zu drücken oder zu Boden zu werfen.

Der Sport ist so eng mit der *Shintō*-Religion verknüpft, dass Sumō-Arenen als Schreine gelten und Shintō-Priester mit einer Zeremonie den Wettbewerb eröffnen. Die ersten Sumō-Kämpfe wurden in Schreinen zur Unterhaltung der Götter ausgetragen. Zu Beginn eines Wettbewerbs werfen die Ringer Salz in die Arena, die dadurch nach alter Shintō-Tradition gereinigt werden soll. Der Kampf selbst dauert oft nur wenige Sekunden, die Rituale davor umso länger. Die Ringer sind Teil eines Sumō-Hauses, dem sie bereits in jungen Jahren beitreten und das ihre Ausbildung übernimmt. Sie leben, essen, trainieren und schlafen dort.

Das Leben der Sumō-Kämpfer ist von den strengen Regeln ihres Hauses bestimmt.

Im Kampf tragen Sumō-Ringer nichts weiter als einen *Mawashi*, einen Lendenschurz. In der Öffentlichkeit müssen sie einen Kimono und den traditionellen *Samurai*-Haarknoten tragen.

Obwohl auch vereinzelt Sumō-Ringerinnen miteinander trainieren und kämpfen, werden die offiziellen Wettbewerbe immer von Männern ausgetragen.

まめちしき!

Nachdem einmal ein Sumō-Ringer in einen Autounfall verwickelt war, darf kein Ringer in Japan mehr Auto fahren.

VORSICHT, HEISS! EIN BAD IN EINEM ONSEN

高温注意！温泉に入浴

Mehr als 27 000 heiße Quellen sind in ganz Japan zu finden. Sie bilden die Basis für *Onsen*, heiße Bäder, die schon seit vielen Tausend Jahren von Japanern und Japanerinnen besucht werden. Das älteste noch betriebene Onsen in Japan ist über 1000 Jahre alt. In vielen Nachbarschaften findet man Onsen, in denen sich Menschen treffen, um in dem etwa 40 Grad warmen Wasser miteinander ein Bad zu nehmen.

In einem Onsen taucht man splitterfasernackt in das heiße Wasser ein. Daher sind viele, aber nicht alle Badehäuser nach Männern und Frauen getrennt.

Tattoos sind in einem Onsen unerwünscht: Weil traditionell vor allem Mitglieder der japanischen Mafia tätowiert sind, dürfen Menschen mit Tattoos die Badehäuser nicht betreten.

まめちしき!

Wenn das heiße Wasser sich aus einer natürlichen Quelle speist, heißt das Badehaus Onsen. Wenn es normales Leitungswasser ist, nennt man es *Sento*.

Japanische Bräuche und Sitten

日本の習慣とマナー

Die Menschen in Japan legen viel Wert auf Gemeinschaft, Höflichkeit, Sauberkeit und Respekt. In der Öffentlichkeit laut reden, jemanden beim Betreten eines Zugs zur Seite stoßen oder Müll auf die Straße werfen – all das ist in Japan unerwünscht. Auch Kinder werden schon früh dazu erzogen, Verantwortung zu übernehmen und auf ihre Mitmenschen zu achten.

Es ist in Japan üblich, seine Schwestern und Brüder nicht mit dem Namen anzusprechen, sondern als »große/kleine Schwester« und »großer/kleiner Bruder«. In vielen Situationen ist es unhöflich, jemanden beim Vornamen zu nennen. Außerhalb der Familie und dem engen Freundeskreis benutzen die Menschen daher meist den Nachnamen oder den Beruf, um andere anzusprechen.

Man sollte niemals ein Haus oder eine Wohnung mit Straßenschuhen betreten. Sogar in einigen Restaurants bekommen die Gäste Hausschuhe. Diese Hausschuhe müssen wiederum durch »Klo-Pantoffeln« ersetzt werden, wenn man auf die Toilette geht. Falls man danach vergisst, dass man Klo-Pantoffeln trägt, und mit diesen zurück an den Tisch geht, kann das peinlich werden!

In Japan begrüßt man sich nicht mit einem Handschlag, sondern mit einer Verbeugung. Es gilt: Je tiefer die Verbeugung, umso mehr drückt man seinen Respekt aus.

»Klo-Pantoffeln«

DAS KABUKI-THEATER

歌舞伎

Kabuki nennt man das traditionelle Theater in Japan, das seit mehr als 400 Jahren Besucher und Besucherinnen anzieht. Das Wort Kabuki hat zwei Bedeutungen: »singen und tanzen« sowie »seltsam«, denn oft sind die Bewegungen und Grimassen der tanzenden Schauspieler ungewöhnlich.

Kabuki-Stücke handeln meist von Samurai, von Adligen oder den Abenteuern einfacher Menschen. Auch Geister und Dämonen kommen darin vor. Die Schauspieler tragen ausgefallene Kostüme und aufwendiges Make-up.

Obwohl Kabuki von einer Frau gegründet wurde, dürfen heute nur noch männliche Schauspieler die Bühne betreten. Weibliche Rollen werden von Schauspielern in Frauenkleidern gespielt. Oft waren schon die Väter und Großväter der Schauspieler Kabuki-Darsteller.

Hirado Daiko – Schlagtrommel

Tsuzumi – Handtrommel

まめちしき!

Ruhe bitte? Nicht in einem Kabuki-Theater. Besucher – und zwar tatsächlich nur männliche – rufen während der Vorführung die Namen berühmter Schauspieler, um diese zu loben.

ZU BESUCH IN EINEM JAPANISCHEN TEEHAUS

茶道を体験

Seit über tausend Jahren trinken die Menschen in Japan Tee. Vor allem Grüntee ist beliebt und kann fast überall gekauft und getrunken werden: in Restaurants und Teehäusern, in Parks und Tempeln und an den unzähligen Getränkeautomaten, die im ganzen Land verteilt auf Durstige warten. In einigen der Teehäuser kann man an traditionellen Teezeremonien teilnehmen, die zwischen zwanzig Minuten und

vier Stunden dauern. Der *Taishu*, der Teemeister oder die Teemeisterin, bereitet grünen *Matcha*-Tee für die Gäste zu. Das Teepulver wird in einer Schale mit einem Besen so lange geschlagen, bis sich ein grüner Schaum bildet. Nachdem jeder Gast eine Schale getrunken und der Meister oder die Meisterin die Werkzeuge gereinigt hat, ist die Zeremonie beendet. Zu einer Tasse Tee gibt es bei einer japanischen Teezeremonie meist eine kleine Süßigkeit in Form von Blumen oder Bällchen aus Zutaten, die den Jahreszeiten angepasst sind.

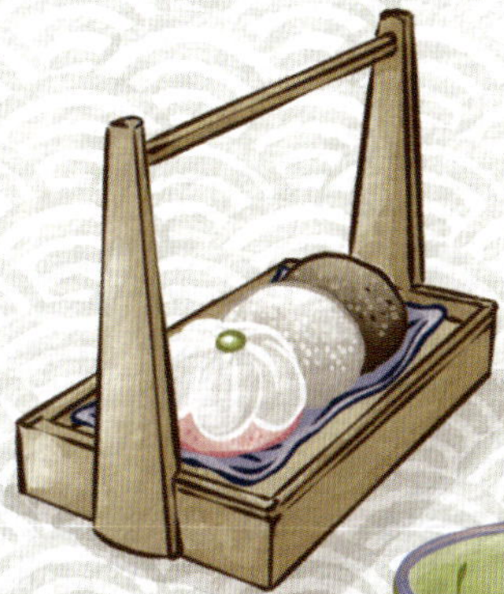

WELCHE WERKZEUGE BRAUCHT MAN FÜR EINE TEEZEREMONIE?

Eine **Teeschale**, auch ***Chawan*** genannt. Manche Schalen sind Hunderte von Jahren alt.

Einen ***Chashaku***, einen **Bambuslöffel**, um den Tee in die Schale zu füllen.

Einen kleinen ***Chasen*-Besen** aus Bambus, mit dem der Tee in der Schale aufgeschlagen wird.

Eine **Teedose** oder auch ***Natsume***, entweder aus Holz für milden oder aus Porzellan für starken Tee.

Eine ***Fukusa*-Serviette** aus Seide zum Reinigen der Materialien.

Eine ***Hishaku*-Kelle** und einen ***Mizusashi*-Topf** für das Wasser.

Eine ***Kensui*-Schale** für das Wasser, mit dem die Werkzeuge gewaschen werden.

Natürlich dürfen auch der **Teekessel** oder ***Kama*** und der Tee selbst nicht fehlen. In Teezeremonien wird immer grüner Matcha-Tee getrunken, der sehr bitter schmeckt und als Pulver gekocht wird.

ITADAKIMASU – GUTEN APPETIT AUF JAPANISCH

いただきます！

Reis ist in Japan so wichtig, dass das japanische Wort für gekochten Reis, *Gohan*, auch das Wort für Mahlzeit ist. Seit Tausenden Jahren wird in Japan Reis angebaut. Und weil Japan aus unzähligen Inseln besteht und daher von viel Wasser umgeben ist, findet man häufig auch Fisch und andere Meeresfrüchte auf den Tellern.

Beim Essen spielen die Jahreszeiten eine große Rolle: So werden im Frühling Kirschblütensüßigkeiten gegessen, im Sommer erfrischende kalte Nudeln und an Neujahr *Mochi*, klebrige Reisbällchen, die Glück bringen sollen.

Sushi, roher Fisch auf Reis, manchmal auch in Seegras eingerollt, wird an vielen Orten mit einem Fließband oder sogar mit einem kleinen Zug direkt zu den Hungrigen an den Tisch gebracht.

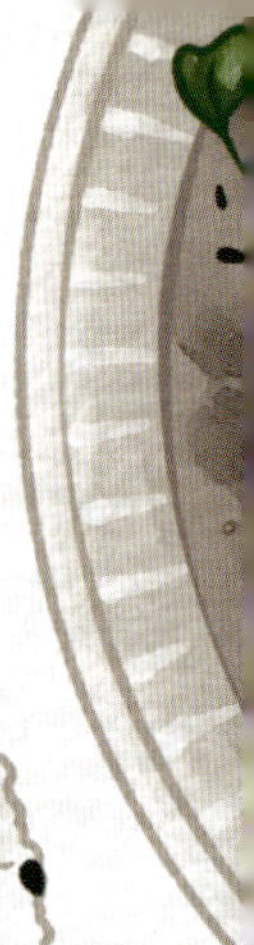

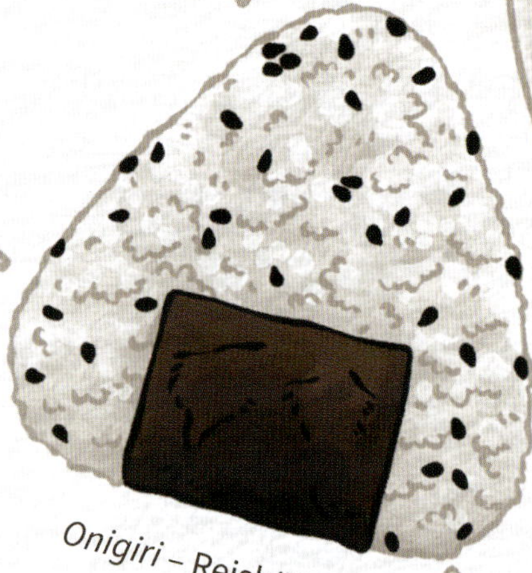

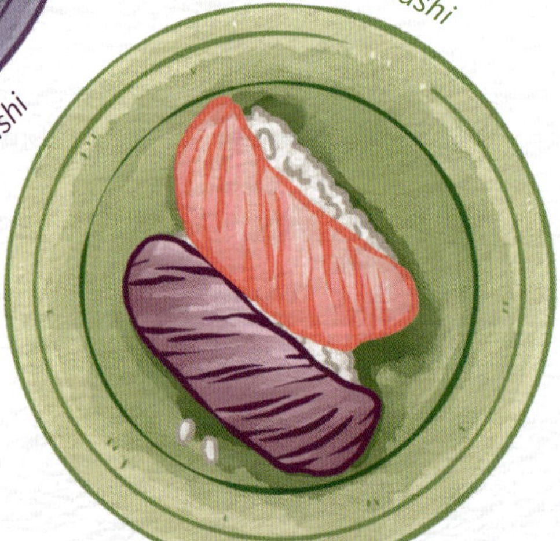

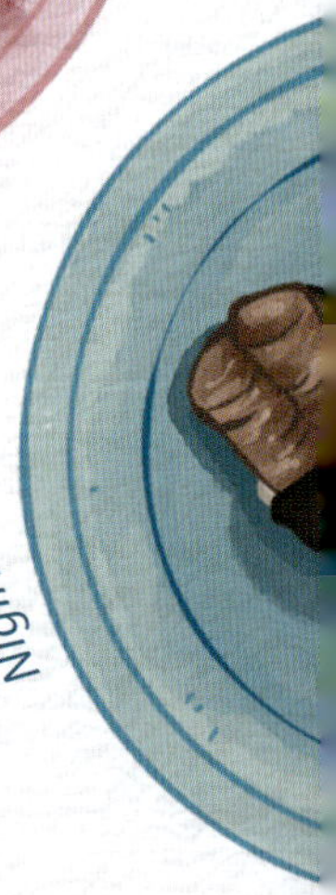

Okonomiyaki

Okonomiyaki, herzhafte japanische Pfannkuchen, werden auf heißen Platten oft direkt am Tisch gebraten. *Okonomi* bedeutet »was du magst«. Gegrillt wird, was man selber aussucht: Oktopus, Kohl, Gemüse auf einer Basis von Teig oder Nudeln.

Das Ganze wird mit Mayonnaise und Ingwer verfeinert – es gibt unzählige Arten, Okonomiyaki zuzubereiten. Lecker sind sie alle.

Bentō-Box

Viele Eltern in Japan zaubern ihren Kindern jeden Morgen eine *Bentō-Box* für die Schule: Bären, geformt aus Reis, Tintenfische aus Würstchen, Eier in Form von Herzen und Sternen – eine Bentō ist nicht nur lecker, sie sieht auch toll aus.

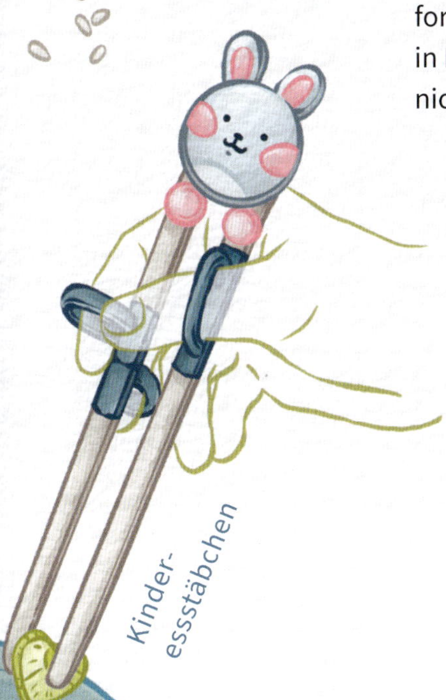

Kinder-essstäbchen

Jedes Kind in Japan lernt, mit Stäbchen zu essen. Weil das schwer sein kann, bekommen sie extra bunte Kinderstäbchen, mit denen sie üben können.

In Läden, die Nudelsuppen wie *Ramen* oder *Udon* verkaufen, kann es manchmal ganz schön laut werden, denn Schlürfen ist ein Muss! So zeigt man, dass das Essen schmeckt, und läuft außerdem nicht Gefahr, sich an der heißen Brühe den Mund zu verbrennen.

Ramen

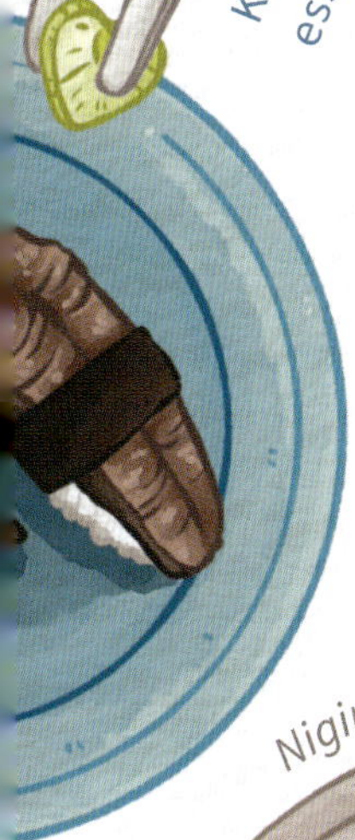

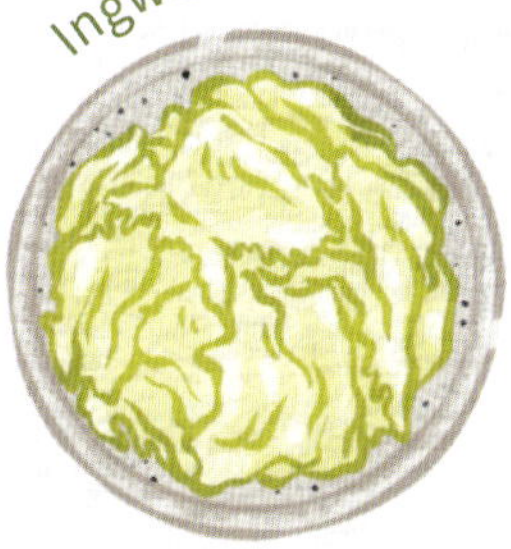

Ingwer

まめちしき!

Egal, ob ein Snack, Eis oder Sandwich: In Japan isst man nie im Gehen auf der Straße. Das wird als unhöflich angesehen. Für das Essen soll man sich Zeit und Ruhe nehmen.

Nigiri Sushi

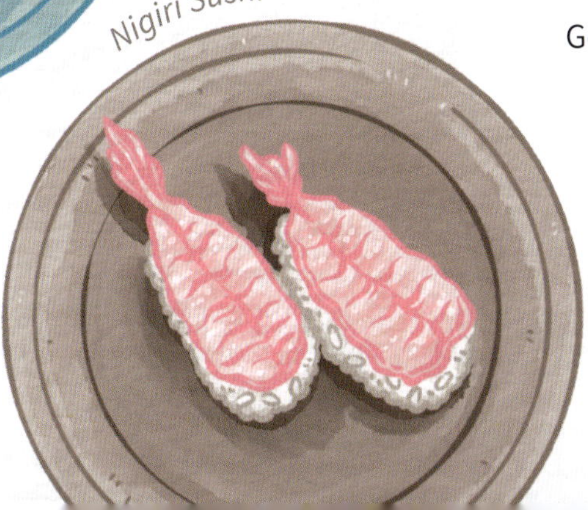

IN EINEM JAPANISCHEN ZUHAUSE

日本の家で

Schuhe verboten! Wenn man eine japanische Wohnung betritt, lässt man seine Straßenschuhe zurück und schlüpft in bequeme Hausschuhe.

Badewanne und Dusche sind in Japan meist getrennt. Zuerst reinigt man sich in der Dusche, dann kann man sich in der Badewanne ausruhen. Oft teilen sich Familienmitglieder das gleiche Wannenwasser. Japanische Toiletten haben häufig mehrere Knöpfe: einen, um den Sitz aufzuwärmen, einen, um den Hintern mit warmem oder kaltem Wasser zu reinigen, einen, um sich mit einem Luftstrom danach abzutrocknen. An öffentlichen Orten spielen manche Toiletten sogar eine Melodie, um das Pinkelgeräusch zu übertönen!

In der Küche steht in fast allen Wohnungen ein elektrischer Reiskocher, mit dem Reis einfach und schnell für jede Mahlzeit zubereitet werden kann. Eine Spülmaschine sucht man jedoch meist vergebens, denn japanische Wohnungen sind oft einfach zu klein dafür.

Traditionell schläft man in Japan auf *Futons*, faltbaren Matratzen und weichen Decken, auf dem Boden. Heutzutage stehen in vielen japanischen Schlafzimmern Betten, aber Futons sind noch immer beliebt, vor allem in kleinen Wohnungen, weil man sie einfach wegräumen kann und so Platz schafft. In Japan ist es normal, dass Kinder, bis sie etwa zehn Jahre alt sind, im gleichen Bett wie ihre Eltern schlafen.

Früher waren japanische Häuser mit *Tatami*-Matten aus Reisstroh ausgekleidet und die Räume wurden durch Schiebetüren aus Reispapier voneinander getrennt. In modernen Häusern findet man heute oft Holztüren und Teppich oder Holzboden, aber manche Familien haben noch einen traditionellen Tatami-Raum, einen *Washitsu*, für besondere Anlässe.

Geta – traditionell-japanische Sandalen

EIN JAPANISCHES KINDERZIMMER

So könnte eine Szene in einem typischen Kinder- oder Jugendzimmer in Japan aussehen: Takumi liegt auf dem Boden seines Zimmers und ist in ein Dragonball-Manga versunken. Mangas, japanische Comics, gibt es schon seit etwa 800 Jahren. Sie sind bei Japanern und Japanerinnen jeden Alters beliebt.

Ohne sein Totoro-Kissen geht Takumi nicht ins Bett. Das magische Fabelwesen Totoro ist die Hauptfigur des japanischen Zeichentrickfilms, oder Anime, »Mein Nachbar Totoro« aus dem berühmten Studio Ghibli.

Jedes japanische Kind wächst mit den Ghibli-Filmen auf, die oft von magischen Welten und den Abenteuern handeln, die Kinder dort erleben.

日本の子供部屋

Teru Teru Bōzu – Wetterpüppchen

Takumis Schwester Natsuki studiert ein Lied ihrer Lieblingsband ein. Musikvideos für J-Pop-Lieder haben oft eine ausgeklügelte Choreografie. Morgen wird sie vielleicht ein schreiend buntes Outfit anziehen und ihre Freunde in Harajuku treffen, dem überfüllten, schrillen Teenagerviertel Tokios.

Auf dem Schreibtisch liegen Natsukis Schulbücher. Auch am Wochenende muss sie viele Stunden lernen, denn sie bereitet sich auf ihr Schulabschlussexamen vor, das entscheidet, ob sie eine Universität besuchen kann. In den Wochen vor der Prüfung wird sie oft nur vier oder fünf Stunden pro Nacht schlafen und den Rest der Zeit mit Lernen verbringen.

WIE SPIELEN JAPANISCHE KINDER?

日本の子供たちは何をして遊ぶのか？

Die Schultage von japanischen Kindern sind lang und dauern oft bis in den späten Abend, aber natürlich finden auch junge Japaner und Japanerinnen Zeit zum Spielen. Viele Kinder sind Mitglied in einem Sportclub ihrer Schule – Fußball, Basketball, Karate, Judo und Schwimmen sind beliebt – oder lernen ein Instrument.

Im Sommer sieht man Kinder oft mit Netzen durch Parks und Wälder laufen. Sie sind auf der Suche nach Insekten. Glühwürmchen, Libellen, Zikaden oder Nashornkäfer geben ganz wunderbare Haustiere ab, die dann in kleinen Terrarien ein neues Zuhause finden.

Origami, das Falten von Tieren, Blumen und Gegenständen aus Papier, eignet sich besonders für regnerische Tage. Jedes Kind in Japan kann zumindest einfache Origami-Figuren wie Kraniche, Frösche oder Blüten aus buntem viereckigem Papier erschaffen.

Natürlich lieben auch japanische Kinder Computerspiele und Konsolen. Pokémon, Nintendo, Super Mario kommen alle aus Japan und sind dort noch immer beliebt.

まめちしき!

Zusammen singen ist bei Japanern und Japanerinnen allen Alters beliebt. Meist mieten Freunde und Bekannte einen privaten Raum in einer *Karaoke*-Bar, um gemeinsam laut ihre Lieblingslieder zu schmettern.

Japanische Märchen und Sagen

日本のおとぎ話と神話

Listige Wassergeister, wundersame Magierinnen, gestaltwandlerische Katzen, verwunschene Teekannen, Furcht einflößende Dämonen – japanische Märchen und Sagen sind bevölkert von Göttern, Tieren, Monstern und Zauberwesen.

Jedes japanische Kind wächst mit der Legende des Fischers auf, der für hundert Jahre unter dem Meer im Schloss des Drachengottes wohnte – im Bild seine Begegnung mit der Drachenprinzessin *Otohime* –, hört von den wundersamen Abenteuern des goldenen Jungen *Kintaro* und kennt die Geschichte der Petersilienprinzessin.

Die bekannteste japanische Legende ist die des Pfirsichjungen *Momotarō*:

Vor vielen, vielen Jahren lebte ein altes Paar kinderlos zusammen. Eines Morgens fand die Frau einen Pfirsich im Fluss nahe ihres Hauses. Als sie ihn nach Hause brachte, sprang ein Junge aus der Frucht heraus. Die Alten nannten ihn Momotarō, Pfirsichjunge, und zogen ihn groß, als wäre er ihr eigener Sohn. Ausgestattet mit den Teigtaschen, die seine Eltern für ihn gemacht hatten, zog Momotarō Jahre später aus, um Dämonen zu bekämpfen, die weit entfernt auf einer Insel lebten. Auf der Reise dorthin begegnete er einem Affen, einem Hund und einem Fasan. Nachdem er seine Teigtaschen mit ihnen geteilt hatte, reisten sie zusammen zu der Insel der Dämonen, besiegten diese und teilten sich ihren Schatz.

VORSICHT, MONSTER!

Theatermaske eines Fuchses

お化けに気を付けて！

Magische Tiere bevölkern viele japanische Mythen und Geschichten. Die berühmtesten unter ihnen sind ohne Zweifel die fuchsartigen *Kitsune*, die man überall in Japan als Statuen und auf Bildern findet. Kitsune ist das japanische Wort für Fuchs.

Im alten Japan lebten die Menschen eng mit Füchsen zusammen, sodass sich unzählige Legenden um die Tiere ranken. Viele Geschichten berichten von Kitsune als trickreiche Gestaltwandler, die sich in Menschen verwandeln können und allerlei Unfug anstellen.

Dichtes Fell, ein Gesicht, das aussieht, als würde er eine Maske tragen, und ein neugieriges, geselliges Wesen – das ist der *Tanuki*, der putzige japanische Waschbärenhund, der im ganzen Land zu Hause ist.

Oft trifft man den Tanuki in japanischen Mythen als Gestaltwandler und cleveren Betrüger, der naive Menschen reinlegt. Manchmal symbolisiert er aber auch Glück und Wohlstand. Deswegen findet man vor einigen Restaurants und Geschäften glücksbringende Tanuki-Figuren.

Godzilla ist wohl das bekannteste japanische *Kaiju*-Monster. Das dinosaurierähnliche Ungeheuer mit dem Atomatem stampft durch viele Filme, Videospiele und Comics. In diesem Buch stapft er durch das Tokioer Stadtbild.

IN EINER JAPANISCHEN SCHULE

日本の学校

Die meisten Japaner und Japanerinnen gehen für 12 Jahre in die Schule: von der Grundschule bis zum Gymnasium. Das Leben von japanischen Schülern und Schülerinnen kann anstrengend sein. Wenn manchmal einer oder eine von ihnen im Unterricht einschläft, werden sie nicht von ihren Lehrern und Lehrerinnen geweckt. Müdigkeit ist ein Zeichen, dass man hart arbeitet. Japanische Kinder tragen Schuluniformen und alle besitzen die gleiche Art von Ranzen. Die Schultaschen sind mit reflektierenden Streifen verziert, denn oft kommen Schüler und Schülerinnen erst nach Einbruch der Dunkelheit nach Hause.

Sommerferien? Nicht für japanische Schüler und Schülerinnen! In den Ferien, an den Abenden und am Wochenende geht das Lernen in den Paukschulen, den *Juku*, weiter. Vor und nach der Schule sind viele Kinder und Jugendliche in Schul- und Sportclubs aktiv.

In japanischen Schulen sucht man vergebens nach einem Hausmeister oder Reinigungspersonal. Stattdessen reinigen Schüler und Schülerinnen ihre Schulen selbst, vom Klassenzimmer bis zur Toilette, und teilen auch das Essen in der Kantine aus. Das soll das Gemeinschaftsgefühl stärken.

DIE JAPANISCHE SPRACHE

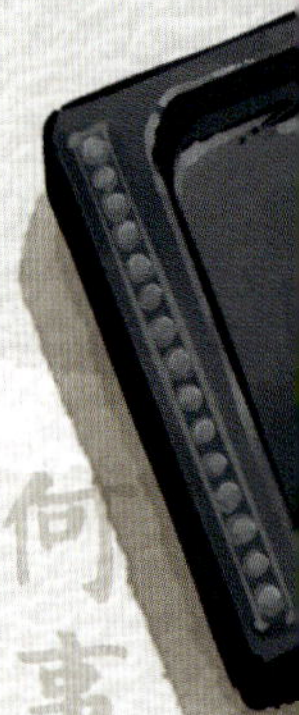

Suzuri – Tuschereibstein

日本語

Japanisch zu lernen, ist nicht leicht. Verschiedene Schriftsysteme und eine schwierige Grammatik sorgen dafür, dass Lernende oft Jahre brauchen, bis sie die Sprache sprechen und verstehen.

Sumi – japanische Tinte

Die Schriftzeichen, die vor vielen Jahrhunderten von China nach Japan gekommen sind, nennt man *Kanji*. Wenn sie ein Kanji lernen wollen, müssen die Kinder in Japan es wieder und wieder in ihr Heft schreiben, so lange, bis sie es sich gemerkt haben. Dann gehen sie zum nächsten über.

Jedes Kanji hat eine eigene Bedeutung. Manchmal kann man diese erraten: Sieht 山 (*yama*) nicht wie ein Berg aus? Und 火 (*hi*) nicht wie ein loderndes Feuer? Die allermeisten Zeichen muss man aber fleißig auswendig lernen, und deswegen üben japanische Kinder jeden Tag. Sie brauchen viele Jahre, bis sie die 2000 bis 3000 Kanji gelernt haben, die sie im Alltag benötigen. Alle Zeichen zu lernen, die es gibt, ist fast unmöglich, denn es sind über 50 000.

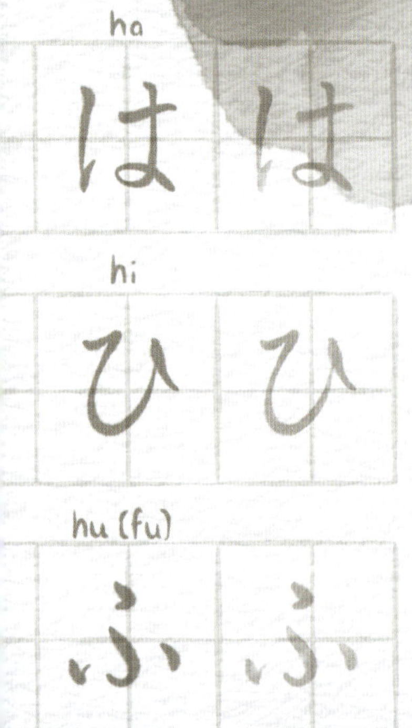

Übungskästchen für *Shodō* oder *Shūji*, den »Weg des Schreibens«

Neben den Kanji hat Japanisch noch zwei weitere Schreibsysteme: *Hiragana* und *Katakana*. Hiragana und Katakana sind Silbenalphabete. Jedes Zeichen wird wie eine Silbe ausgesprochen. Zusammen ergeben sie Wörter. Die beiden Hiraganazeichen ね (*ne*) und こ (*ko*) werden zum Beispiel zu ねこ (*neko*, Katze).

Katakana benutzt man vor allem für Wörter, die aus anderen Sprachen übernommen wurden. So wird aus dem englischen *cake*, also Kuchen, das japanische *Keki* (ケーキ). Wenn man genau hinsieht, kann man erkennen, dass Hiragana eher rund und Katakana eckig sind. Ein Wort kann man entweder mit einem Kanji, in Hiragana oder Katakana oder einer Mischung von allen dreien schreiben.

Fude – Kalligrafiepinsel

Kalligrafie ist eine besondere Art des Schreibens,
bei der die Zeichen kunstvoll gestaltet werden.

Wie liest man einen japanischen Text? Traditionell wird Japanisch von oben nach unten und rechts nach links gelesen. Japanische Bücher klappt man deswegen meist »von hinten« auf. Heutzutage werden viele Texte aber auch von links nach rechts geschrieben und gelesen.

山

ねこ

neko in *Hiragana*

neko in *Katakana*

ネコ

Josephine Pauluth illustriert und gestaltet Bücher für Lesebegeisterte jeden Alters, vor allem für Kinder und Jugendliche. Sie studiert gerne neue Methoden und kombiniert analoge sowie digitale Techniken, die sie auch in Workshops und Schulungen unterrichtet.

Ob Kimonofärbung oder Washiverarbeitung – sie stöbert gerne in Büchern zum japanischen Handwerk. Filme von Studio Ghibli kann sie nahezu mitsprechen, taucht aber auch in Werke anderer Animationsstudios liebend gern ein.

Christin Bohnke ist in Thüringen aufgewachsen. Sie hat in Berlin und London Literaturwissenschaft studiert und in Toronto und Tokio zu Deutschland und Japan promoviert.

Sie kann leidenschaftlich über die Vor- und Nachteile verschiedener japanischer Nudelsorten diskutieren, lässt sich in Tokioer Tempeln gern ihre Zukunft vorhersagen und taucht am liebsten für ganze Abende in die warmen Wasser eines Onsens ein.

arsedition.de/service

Illustrationen, Satz und Layout: Josephine Pauluth
Texte: Christin Bohnke
Sprachliche Fachberatung Japanisch: Malin Göthel und Takayuki Ota
ISBN 978-3-8458-5341-3

www.arsedition.de

Die Illustrationen auf Seite 2 und Seite 81 zeigen folgende Motive:
S. 2: *Koinobori* – Koi-Fahnen, anlässlich des japanischen Kindertags (*Kodomo no Hi*)
S. 81: *Chōchin* – traditionell-japanische Laternen aus Bambus und Papier (*Washi*)

さよなら♡